AF268332

LE PLÉBISCITE

Du 8 mai 1870.

AUX ÉLECTEURS DE LA DORDOGNE.

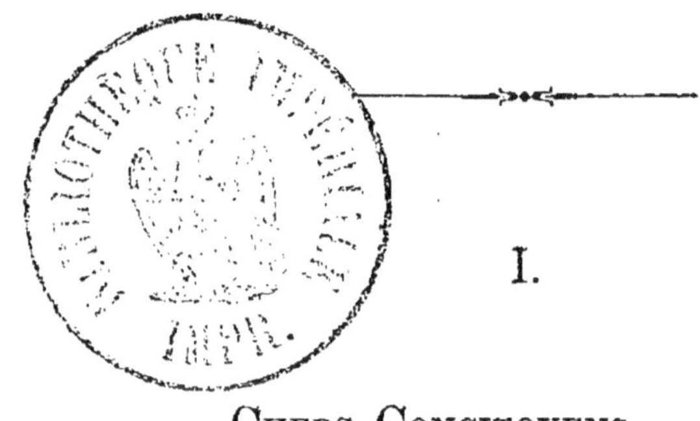

I.

CHERS CONCITOYENS,

Vous voterez dimanche prochain, 8 mai, sur le plébiscite provoqué par le gouvernement impérial.

C'est là un acte d'une importance extrême ; on peut même dire que, depuis le 20 décembre 1851, le suffrage universel n'a jamais prononcé en une circonstance aussi grave, aussi solennelle ; et il est certain, pour quiconque réfléchit, que la souveraineté du peuple n'aura, de fort longtemps, pareille occasion de triomphe.

Question considérable que celle qui vous est soumise ! Vous allez, d'un mot, par un *oui* ou par un *non*, engager les destinées du pays ; vous allez fixer la forme du gouvernement ; vous allez décider entre la Monarchie et la République !

Oh ! je sais bien que M. Émile Ollivier, non-seulement devant le Corps législatif et le Sénat, mais encore dans le manifeste signé par lui et ses collègues du ministère, a tenté d'amoindrir (momentanément, sauf à l'exagérer plus tard) la portée du verdict que vous êtes appelés à rendre. Selon ce haut personnage, en effet, le principe impérial n'est pas mis en discussion : il s'agit simplement de savoir si vous préférez ce qu'il appelle « un gouvernement parlementaire » au gouvernement personnel ; si vous applaudissez ou non à la transformation de l'Empire autoritaire en ce qu'il définit « l'Empire libéral. »

Mais la Nation ne comprend rien à cette façon subtile de poser une question ; et nous voyons les journaux inféodés au pouvoir actuel, tout comme les feuilles républicaines et légitimistes, les députés conservateurs, tout comme les députés de l'opposition, déclarer unanimement, avec un accord merveilleux qu'on est tout surpris de constater entre des opinions si contraires, que la question est plus haut, qu'il ne s'agit point de voter sur quelques modifications partielles au statut de 1852, mais de consacrer ou d'abolir l'hérédité monarchique.

N'est-il pas certain, d'ailleurs, que (sitôt le scrutin dépouillé) si la France a répondu suivant leurs désirs, M. Ollivier et ses amis proclameront avec ostentation que la dynastie est à jamais fondée, que l'intronisation de Napoléon IV et de ses descendants *in sæcula sæculorum* est une affaire conclue définitivement ; bref, que le vote de 1870 est le pendant et la confirmation du vote de 1852? Personne n'en doute, car ceci est l'évidence même.

Oui, le ministère aura beau répéter que le duel n'est pas entre la Monarchie et la République, nous ne le croyons pas, — il ne se croit pas lui-même! En dépit de ses explications, plus ou moins sincères, l'opinion publique, la conscience universelle place donc la question sur son véritable terrain, lorsqu'elle déclare, avec la raison, avec les faits, que dire : Oui, c'est dire EMPIRE HÉRÉDITAIRE ; que dire : NON, c'est dire RÉPUBLIQUE.

Voilà l'incontestable signification des bulletins que va recevoir l'urne plébiscitaire.

*_**

Je voudrais, avant d'entrer dans le cœur de mon sujet, examiner rapidement si, au lieu d'être en progrès sur la constitution d'hier, la constitution qu'on vous propose n'est pas, au contraire, plus autoritaire et ne porte pas des coups encore plus rudes à la démocratie.

Pour moi, le recul ne fait pas doute. N'y aurait-il à reprendre, dans le nouveau statut, que la disposition qui partage le pouvoir de légiférer entre le sénat et les représentants du peuple (lesquels, d'après l'ancienne constitution, discutaient seuls, votaient seuls les lois), je soutiens qu'on demande au suffrage universel de prononcer sa propre déchéance, puisque les mandataires du pays sont dépouillés de leur privilége législatif au profit des mandataires du prince.

Il est possible qu'une pareille disposition soit conforme à la nature des « monarchies constitutionnelles », mais il est sûr qu'elle est anti-démocratique au suprême degré, et que la ratifier serait renoncer à la souveraineté nationale.

Et l'on appelle cela inaugurer le gouvernement du pays par le pays !

Ce n'est pas tout. Je lis dans le même article 12 :

« Les propositions de loi émanées de l'initiative de l'Empereur peuvent, A SON CHOIX, être portées SOIT AU SÉNAT, SOIT AU CORPS LÉGISLATIF. »

Qu'en dites-vous ? Et n'est-ce pas là une déclaration de dédain faite à vos représentants ? Il est vrai que l'impôt devra *d'abord* être discuté et voté par la Chambre basse, — bien abaissée, en effet ! — mais toutes les autres lois, par exemple la loi du contingent militaire, l'impôt du sang, peuvent être directement présentées au sénat, si l'Empereur le désire.

Or, quelle mission le sénat a-t-il reçue de vous ?

Et les autoritaires ont poussé les hauts cris à l'annonce du sénatus-consulte ! Ils se lamentaient ! ils suppliaient qu'on ne touchât pas à cette admirable constitution de 1852, joie de Morny, délices de Saint-Arnaud, orgueil d'Espinasse ! J'imagine que, mieux informés aujourd'hui, et lecture prise de l'œuvre

Ollivier, ils se frottent les mains et applaudissent ; car, s'il y a progrès, c'est progrès en arrière ; car le suffrage universel est humilié dans la personne de ses mandataires, car la Chambre du pays est inclinée devant la Chambre de la Couronne !

Ah ! il faudrait avoir la fibre démocratique bien peu susceptible pour ne pas être révolté d'une semblable disposition ! et je dis que l'article 12 devrait suffire à quiconque a tant soit peu le sentiment de la dignité civique, comme motif déterminant de repousser le plébiscite.

[*]

Nous ne voulons cependant pas nous montrer injustes envers les auteurs du sénatus-consulte. Nous reconnaissons de bonne grâce que, inquiets de l'omnipotence de l'Empereur, qui peut faire la guerre sans consulter nos députés, faire les traités de paix, — et bien d'autres choses encore, — toujours sans consulter nos députés, ils ont tempéré cette omnipotence par une innovation qui nous consolera certainement des atteintes portées aux droits de la Représentation nationale.

Je la trouve dans l'article 26.

« Art. 26. L'Empereur ne peut nommer plus de vingt sénateurs par an. »

Voilà une mesure démocratique et libérale, j'espère ! bien faite pour couvrir le bruit importun de nos récriminations ; voilà un progrès sérieux, et d'autant plus appréciable que, jamais, depuis son avènement, l'Empereur n'a nommé vingt sénateurs en une seule année !

Mais j'ai hâte d'aborder la discussion par son grand côté, à savoir : mettre l'Empire, ou plutôt la forme monarchique (en elle-même, indépendamment de toute question de famille) face à face avec la forme républicaine, les comparer entre elles, vous les montrer l'une et l'autre à la double lumière du bon sens et du suffrage universel.

II

Que penseriez-vous, chers concitoyens, d'un propriétaire qui, — chose passablement absurde déjà ! — ne se bornerait pas à prendre un régisseur *pour toute la vie de ce régisseur*, renonçant ainsi d'avance à la faculté de le renvoyer, s'il se montre incapable ou malhonnête, mais qui lui dirait encore :

« Ton fils ayant trois ans, il est impossible de constater dès à présent ses aptitudes agricoles ; mais cela ne m'arrête pas, cela m'est égal, je ne le désigne pas moins dès à présent pour te succéder, toi mort, dans la régie de mon domaine..., et après lui ton petit-fils, qui peut être un horrible crétin. Tope là, c'est convenu : toi et ta descendance vous conduirez à perpétuité mes affaires comme bon vous semblera, à tort et à travers ; je m'abandonne entre vos mains, et mes héritiers aussi, les engageant avec moi à ne jamais vous retirer la confiance de la famille. »

Dites, de quel nom traiteriez-vous ce propriétaire singulier ? De fou, n'est-ce pas ? Eh bien, on vous le donne comme exemple, on vous adjure d'imiter cette belle insanité !

Naturellement, le propriétaire ne tarde pas à se repentir. Ses affaires, qui ne prospéraient guère sous la direction du premier régisseur, vont de mal en pis sous le second, le fils, lequel est un vrai chenapan : Non content de pratiquer des *coupes sombres* dans les taillis, il met dans sa poche une bonne part de la vente des bestiaux, sans gêne, ouvertement, insolemment ; et le maître court à sa ruine avec des bottes de sept lieues.

Hélas ! que faire ? Comment sortir de là ? Le propriétaire, vous le savez, s'est interdit de congédier son mandataire ; le contrat est formel, aucune voie légale par où rentrer dans sa souveraineté. Alors, pris d'une colère très-concevable, il appelle à lui ses plus solides voisins pour l'aider à déloger de la métairie, par la force, celui qu'il n'en peut déloger par le droit.

Les voilà partis, — et les gendarmes en même temps. Mais au lieu de lui prêter main-forte, les gendarmes pénètrent dans la maison, lui jettent la porte au nez , — et se mettent à tirer des coups de carabine, par la fenêtre, sur lui et ses amis...

Je trouve, je l'avoue, que c'est bien fait, et je n'ai aucune commisération pour ce propriétaire imbécile ; vous non plus. Et cependant, si vous votez l'hérédité monarchique inscrite au frontispice du sénatus-consulte (1), que le plébiscite doit ratifier, vous ressemblez tout à fait à mon homme, vous abdiquez, comme lui, tout bon sens et toute raison ; — et vous serez mal fondé plus tard à vous plaindre de la rigueur des événements, car vous l'aurez voulu ainsi !

Répondez. Si le prince ou son fils tourne au tyran, quel moyen légal et pacifique vous serez-vous réservé d'en finir avec cette tyrannie ? Aucun. Il vous faudra, de deux choses l'une : ou vous résigner à la servitude, — ou faire des barricades. Pas de milieu. Comme il est sage de préparer un avenir d'esclavage ou de guerre civile !

Dans une République, au contraire, le pouvoir confié au président, expirant tous les trois ou quatre ans, absolument comme celui de l'Assemblée, la nation n'est pas obligée de recourir à la force pour imposer sa volonté. Le vote est là, qui, par son retour périodique, permet à l'opinion de vaincre sans bataille... Ne voyez-vous pas dans le système électif

---

(1) Art. 2. La dignité impériale, rétablie dans la personne de Napoléon III par le plébiscite des 21-22 novembre 1852, est héréditaire dans la descendance directe et légitime de Louis-Napoléon Bonaparte, etc.

la sauvegarde véritable de la tranquillité du pays?
Mais c'est tout bonnement la fin des révolutions!
Sans compter que le droit, qui appartient incontes-
tablement à chaque génération, de choisir ses gouvernants,—droit confisqué par l'établissement d'une
monarchie héréditaire,—est ainsi reconnu et assuré.

Les générations suivantes !

Est-ce qu'il vous est permis de parler pour elles
et d'abolir leur volonté ? Sur quoi vous fondez-vous,
pour lier à des gouvernants qu'ils n'auront pas
choisis, les Français qui naîtront à la vie politique
dans cinq, dix, quinze années ? Est-ce que vous le
pouvez honnêtement ? Est-ce qu'agir de la sorte, ce
n'est pas étouffer cette grande voix de la Justice
qui vous crie : « le droit de chacun est limité par
le droit d'autrui ? »

Vous ne l'ignorez point ! Le député Gambetta
vous le rappelait, l'autre jour encore, avec cette
fière et solide éloquence qui est l'honneur de la jeu-
nesse contemporaine.

Écoutez ce que dit aussi, sur ce point capital,
Louis Blanc, dans son *Histoire de la Révolution de
février* :

« Comment concilier avec le principe héréditaire
celui de la souveraineté du peuple ? Il y a contradic-
tion dans les termes mêmes : le second est la néga-
tion du premier. La volonté d'un peuple peut chan-

ger, et il est conforme à la nature des choses qu'elle change, tandis que le pouvoir héréditaire est, par essence, immuable. Il est absurde que la volonté nationale d'aujourd'hui soit appelée à annuler d'avance la volonté nationale de demain, *et que le peuple renonce à sa souveraineté par un acte de sa souveraineté*. Embrasser un homme pour l'étrangler est un fait de trahison, ce n'est pas un principe. Comment la génération présente pourrait-elle légitimement confisquer, par la déclaration de l'hérédité, le droit de toutes les générations à venir ? Un pareil contrat est évidemment nul. »

[*]

Ils sont donc bien éclatants les avantages du système monarchique, qu'on lui sacrifie le droit et la justice ?

Elle est donc bien rassurante la forme gouvernementale qui permet de faire la guerre du Mexique, et d'accroître, en dix-huit ans, la dette publique de cinq milliards ?

Le paysan, l'ouvrier, le commerçant ont donc un intérêt suprême à ce que des traitements scandaleux soient absorbés par des gens qui ne les gagnent pas ? et le peuple tient donc essentiellement à dépenser pour l'entretien et l'amusement d'une cour désœuvrée plus que pour le budget tout entier de l'instruction publiqu ?

La monarchie héréditaire est donc si belle que la nation, ravie, charmée, domptée, aveuglée, ne voit pas que la voter, c'est voter aussi la reconstitution de la noblesse et la résurrection des priviléges dans un temps donné ? Une famille (tout homme qui a quelque peu d'histoire sait cela), ne se perpétue pas, en effet, sur le trône sans grouper autour d'elle une aristocratie dévouée. Il est dans la nature qu'un prince veuille léguer des amis puissants à l'héritier de sa couronne : de là, une noblesse avec apanages, majorats, priviléges de toute sorte ; de là, au sommet de la nation, une caste orgueilleuse, avide, oppressive, qui devient plus nombreuse à chaque avènement nouveau, — dont la richesse est faite avec les épargnes du travailleur, et l'influence avec l'humiliation du peuple.

Français, qui voterez allègrement Oui, dimanche prochain, avez-vous songé à toutes les conséquences contenues dans ces deux mots : Monarchie héréditaire ?

Je vous entends : « mais vous exagérez ! mais ce n'est pas la monachie autoritaire, c'est la monarchie constitutionnelle, la monarchie tempérée par des garanties sérieuses données à la liberté que nous voulons fonder ! et, dans ce système, les droits de la nation sont complétement sauvegardés ! »

La distinction me touche peu, je l'avoue, et je n'en aperçois pas l'importance.

Comment! Le prince commande à huit cent mille soldats ; vous lui laissez le droit de déclarer la guerre et celui de conclure les traités de commerce sans l'autorisation des représentants du peuple ; il nomme à tous les emplois, à toutes les fonctions ; c'est lui, lui seul, qui fait les généraux, les évêques, les magistrats, lui qui dispense les décorations et les titres nobiliaires ; — lui, enfin, qui désigne les sénateurs (or, vous le savez, le Sénat partagera désormais le pouvoir législatif avec nos députés, et pourra légalement annihiler la nation); et parce que vous appellerez ce prince un empereur «constitutionnel,» parce que, vous autres ministres, vous vous proclamerez « responsables, » la liberté et la démocratie doivent se tenir pour rassurées! Allons donc!

Tenez, savez-vous ce que c'est qu'un monarque constitutionnel? C'est un personnage à qui tous les moyens sont livrés de se faire monarque ABSOLU dans un délai plus ou moins long. L'Histoire, hélas! le prouve surabondamment.

Voilà pourquoi vos distinctions sont vaines et ne nous rassurent pas du tout ; — voilà pourquoi nous voulons la République.

III.

Qu'est-ce que la République?

Le gouvernement du pays par le pays, la France mise en possession d'elle-même, la volonté générale s'exprimant par des mandataires élus pour un temps limité, renouvelés périodiquement, et qui, partant, ne peuvent cesser d'être l'expression de l'opinion publique sans s'exposer à être brisés par le peuple aux élections suivantes.

Maintenant, quelles réformes poursuivent les républicains éclairés ?

Je citerai seulement les principales et les plus urgentes, par exemple :

L'instruction gratuite et obligatoire, et, comme corollaire, la multiplication des instituteurs : — qu'il y ait une école, non-seulement dans chaque bourg, mais dans chaque village, dans chaque hameau ;

L'abolition graduelle des armées permanentes, au fur et à mesure de l'organisation de la milice ; et, par suite, la suppression des dépenses improductives ;

Le jugement des délits de presse et des délits politiques par un jury spécial élu annuellement ;

La mise au concours de toutes les fonctions susceptibles d'y être mises ;

La reconstitution de la commune rurale, en prenant la population pour base de cette reconstitution. Plus de communes comptant moins de quinze cents habitants. Le groupe communal est actuellement trop peu nombreux, dans les campagnes, pour qu'on y trouve les éléments indispensables à une administration sérieuse ;

L'élection des maires ;

Le dégrèvement de la propriété foncière rendu possible par un impôt sur les valeurs mobilières ;

L'abrogation de toutes lois et règlements qui entravent le libre développement des associations ouvrières, lesquelles assurent, seules, au travailleur le produit intégral de son travail, et par lesquelles, seules, peut être définitivement établie la paix sociale.

J'ai fini.

CHERS CONCITOYENS,

Si vous aimez la justice, si vous respectez dans les générations à venir le droit que vous revendiquez pour vous-mêmes, et qui appartient à chacun, de choisir ses gouvernants ; si vous ne voulez pas d'une représentation nationale subordonnée ; si vous avez horreur des révolutions violentes ; si vous détestez la guerre ; s'il vous tarde que les aspirations démocratiques soient enfin consacrées par la loi, — vous voterez NON dimanche prochain.

L'occasion vous est offerte de conquérir pacifiquement, légalement la République, c'est-à-dire de fonder la liberté et l'ordre véritable ;

Ne la laissez pas échapper, car elle ne se représentera pas !

UN AMI DE L'ORDRE.

Lundi, 2 mai 1870.

On peut voter avec un des trois bulletins ci-contre.

Périgueux, imprimerie CHARLES RASTOUIL.

NON.

Périg., impr. Ch. Rastouil.

NON.

Périg., impr. Ch. Rastouil·

NON.

www.ingramcontent.com/pod-product-compliance
Lightning Source LLC
Chambersburg PA
CBHW061221050726
47594CB00008B/3750